INSTRUCTION DU 16 JUIN 1903

RELATIVE

aux Cautionnements et aux Garanties

EXIGÉS DES SOUMISSIONNAIRES AUX ADJUDICATIONS

ET DES

TITULAIRES DES MARCHÉS DU DÉPARTEMENT DE LA GUERRE

PARIS

HENRI CHARLES-LAVAUZELLE

Éditeur militaire

10, Rue Danton, Boulevard Saint-Germain, 118

(MÊME MAISON A LIMOGES)

*Instruction relative aux cautionnements et aux garanties exi-
gées des soumissionnaires aux adjudications et des titulaires
des marchés du Département de la guerre.*

(Direction du Contrôle; Service spécial.)

Paris, le 10 juin 1903.

Dispositions générales.

Art. 1ᵉʳ. Les cautionnements et les garanties exigés soit des
soumissionnaires pour être admis à prendre part aux adjudications, soit des titulaires des marchés pour répondre de leurs
engagements sont soumis aux dispositions de la présente instruction.

Nature des garanties. — Modes de réalisation.

Art. 2. Les garanties exigées, le cas échéant, des soumissionnaires pour être admis à prendre part aux adjudications
sont dites « cautionnements provisoires ». Ces garanties ne
peuvent être que pécuniaires; leur importance est indiquée
dans les cahiers des charges spéciales.

Les garanties pécuniaires exigées, le cas échéant, des titulaires des marchés pour répondre de leurs engagements sont
dites « cautionnements définitifs ».

Lorsque les cahiers des charges générales ou spéciales le
spécifient, ces garanties pécuniaires peuvent être remplacées,
à titre exceptionnel, soit par une affectation hypothécaire, soit
par une caution personnelle solidaire, soit par un dépôt de
matières dans les magasins de l'Etat. En Tunisie, les affecta-
tions hypothécaires ne sont pas admises.

Il n'est pas exigé de cautionnement définitif, ni d'affectation
hypothécaire, de caution personnelle ou de dépôt de matières
pour les marchés dont l'importance est inférieure à 20.000
francs à l'intérieur et à 5.000 francs en Algérie ou en Tunisie,
sauf dans les cas où l'administration confie aux entrepreneurs
des matières ou objets pour l'exécution du marché. Dans ces

derniers cas, la nature et l'importance des garanties à fournir sont fixées par les cahiers des charges spéciales.

Les sociétés d'ouvriers français sont dispensées de fournir un cautionnement, lorsque le montant du marché est inférieur à 50.000 francs.

Pour les marchés dont l'importance est supérieure à 20.000 francs, 5.000 francs ou 50.000 francs, suivant le cas, le cautionnement définitif est calculé à raison du dixième du montant du service à exécuter. Toutefois, il peut être abaissé jusqu'à un vingtième de ce montant dans le cas des marchés relatifs aux travaux de constructions, et des marchés par conversion. Dans ce dernier cas, le cautionnement définitif est indépendant des garanties exigées pour la livraison des vieilles matières.

Quand les cahiers des charges générales ou spéciales prévoient cette faculté, les cautionnements définitifs peuvent être remplacés, au gré de l'adjudicataire, par la retenue du premier dixième du montant du marché jusqu'au payement du solde.

Dans tous les cas, les cahiers des charges spéciales déterminent le montant exact des cautionnements.

TITRE Ier.

GARANTIES PÉCUNIAIRES.

SECTION Ire.

RÈGLES COMMUNES AUX CAUTIONNEMENTS PROVISOIRES ET AUX CAUTIONNEMENTS DÉFINITIFS.

Versement des cautionnements à la Caisse des dépôts et consignations.

Art. 3. Tous les cautionnements sont versés à la Caisse des dépôts et consignations, savoir :

A Paris, entre les mains du caissier général de cette caisse;

Dans les départements, entre celles des préposés de la Caisse des dépôts : trésoriers-payeurs généraux, receveurs particuliers ou percepteurs dans les chefs-lieux d'arrondissements, dont les recettes particulières ont été provisoirement supprimées;

En Algérie, entre les mains des trésoriers-payeurs et des payeurs particuliers;

En Tunisie, entre celles de l'agent comptable du Trésor français et de ses représentants.

Avis des adjudications et des marchés donnés à la Caisse des dépôts.

Art. 4. Pour tous les marchés qui sont passés par adjudication, un exemplaire de l'affiche annonçant l'adjudication est adressé par le Ministre de la guerre au Directeur général de la Caisse des dépôts et consignations.

Un exemplaire de l'affiche est en outre adressé, lorsque l'adjudication est passée ailleurs qu'à Paris, au préposé de la caisse résidant au chef-lieu de l'arrondissement dans lequel a lieu l'adjudication. Cet envoi est fait par le chef du service.

Pour les marchés autres que ceux passés par adjudication qui donnent lieu cependant à la constitution d'un cautionnement définitif, les chefs de service avisent en temps utile, les préposés de la Caisse des dépôts, de la nature et de la quotité du cautionnement exigé.

Différents modes de réalisation des garanties pécuniaires.

Art. 5. Les garanties pécuniaires peuvent consister, au choix des soumissionnaires et des titulaires des marchés :

1° En numéraire;

2° En rentes sur l'Etat et valeurs du Trésor au porteur;

3° En rentes sur l'Etat nominatives ou mixtes.

Les valeurs du Trésor transmissibles par voie d'endossement et endossées en blanc sont considérées comme valeurs au porteur.

Mode de calcul de la valeur des rentes et des titres affectés aux cautionnements.

Art. 6. La valeur en capital des rentes à affecter aux cautionnements est calculée, savoir :

Pour les cautionnements provisoires, au cours moyen du jour de la veille du dépôt;

Pour les cautionnements définitifs, au cours moyen du jour de l'approbation de l'adjudication;

Les bons du Trésor à l'échéance d'un an ou de moins d'un an sont acceptés pour le montant de leur valeur en capital et intérêts.

Les autres valeurs du Trésor sont calculées d'après le dernier cours publié au *Journal officiel*.

Cautionnements en numéraire, en rentes ou valeurs du Trésor au porteur. — Déclaration de consignation. — Récépissé.

Art. 7. Le versement est précédé d'une déclaration de consignation, à l'effet d'en spécifier l'objet et de déterminer la garantie que la somme versée a pour but d'assurer soit à l'Etat, soit à des tiers.

Si le cautionnement est en rentes ou en valeurs du Trésor au porteur, la partie versante doit indiquer dans sa déclaration que le cautionnement pourra être saisi dans les conditions fixées par la loi ou par les cahiers des clauses et conditions générales, les cahiers des charges générales ou spéciales et qu'il autorise, à cet effet, la Caisse des dépôts et consignations à le réaliser, le cas échéant.

Il est délivré au déposant un récépissé timbré à 0 fr. 25, sur lequel il est fait mention, s'il y a lieu, de l'autorisation de réalisation prévue à l'alinéa précédent.

Ce récépissé forme titre contre la Caisse des dépôts et consignations, à la charge par la partie versante de le faire viser et séparer de son talon, à Paris, immédiatement, par les agents du contrôle.

Dans les départements :

Lorsqu'il s'agit d'un versement de numéraire, le visa du contrôle n'est pas exigé, mais le récépissé, pour être libératoire et former titre envers la Caisse des dépôts, doit seulement être détaché d'une formule à talon;

Lorsqu'il s'agit d'une consignation de valeurs, le récépissé doit être visé à la préfecture ou à la sous-préfecture.

Cautionnements en rentes nominatives au mixtes. — Déclaration de consignation. — Acte d'affectation. — Récépissé.

Art. 8. Lorsque le cautionnement est constitué en rente nominative ou mixte, indépendamment de la déclaration de consignation visée à l'article précédent, le titulaire de l'inscription doit souscrire sur papier timbré un acte fait en double original, contenant déclaration d'affectation de la rente et donnant à la Caisse des dépôts et consignations un pouvoir irrévocable de l'aliéner s'il y a lieu (modèle n° 1 ou 2).

L'un des originaux de l'acte est remis au déposant. Dans le cas où le titulaire de la rente ne peut signer lui-même l'acte d'affectation, il constitue un mandataire à cet effet au moyen d'une procuration établie sur papier timbré et conforme au modèle n° 3.

Un récépissé est délivré au déposant, qui doit se conformer aux dispositions des deux derniers alinéas de l'article 7 pour que ce récépissé puisse servir de titre contre la Caisse des dépôts et consignations.

Bailleurs de fonds. — Privilège du second ordre.

Art. 9. Les tiers qui fournissent les fonds ou les valeurs d'un cautionnement font constater leurs droits dans les déclarations de consignation. Le récépissé remis au déposant désigne d'ailleurs le propriétaire des deniers ou des valeurs déposés. Il n'est, en aucun cas, délivré de certificats de privilège du second ordre.

A défaut de mention dans la déclaration de consignation, les tiers qui ont fourni le cautionnement ne peuvent conserver leurs droits que si un acte contenant cession ou déclaration de propriété du numéraire ou des titres est signifié par voie extrajudiciaire au directeur général, lorsque le cautionnement a été consigné à Paris, au préposé de la Caisse des dépôts qui a reçu le cautionnement *dans tous les autres cas.*

Modifications à la composition des cautionnemnts.

Art. 10. Après la réalisation d'un cautionnement, aucun changement ne peut être apporté à sa composition, sauf dans le cas où les rentes ou valeurs auraient donné lieu à un remboursement par le Trésor. La somme appelée au remboursement est alors encaissée par la Caisse des dépôts et consignations et demeure affectée au cautionnement jusqu'à due concurrence, à moins que le cautionnement ne soit reconstitué en valeurs semblables.

Oppositions sur les cautionnements.

Art. 11. Les oppositions sur les cautionnements en valeur pécuniaire doivent avoir lieu entre les mains du comptable qui les a reçus. Toutes autres oppositions sont nulles et non avenues.

SECTION II.

RÈGLES PARTICULIÈRES AUX CAUTIONNEMENTS PROVISOIRES.

Versement des cautionnements provisoires (1).

Art. 12. Les cautionnements provisoires peuvent être versés :

Soit dans la caisse du préposé de la Caisse des dépôts et consignations de l'arrondissement du lieu de l'adjudication;

Soit dans un arrondissement autre que celui où aura lieu l'adjudication. Dans ce cas, le déposant doit présenter au préposé de la Caisse des dépôts un extrait du cahier des charges ou un exemplaire de l'affiche.

Si le préposé de l'arrondissement du lieu de l'adjudication n'a pas reçu l'avis prévu à l'article 4 ou si le déposant ne produit pas l'une des pièces visées dans l'alinéa précédent, le cautionnement provisoire pourra quand même être reçu, mais les indications relatives à ce cautionnement et à son objet ne seront insérées qu'aux risques et périls des déposants et conformément à la déclaration par eux souscrite.

Destination à donner aux récépissés et, le cas échéant, aux actes d'affectation.

Art. 13. Les concurrents aux adjudications joignent à leurs soumissions les récépissés qui leur ont été délivrés et, s'il y a lieu, l'un des doubles de l'acte d'affectation des rentes nominatives ou mixtes déposées en garantie.

Conservation des cautionnements provisoires.

Art. 14. Les cautionnements provisoires en numéraire ne produisent pas d'intérêts au profit des déposants.

Pour ceux qui sont constitués en rentes ou valeurs, la Caisse des dépôts ne se charge pas de l'encaissement de leurs arrérages ou intérêts.

Restitution des cautionnements provisoires aux soumissionnaires.

Art. 15. Les cautionnements provisoires sont rendus aux

---

(1) Pour les cautionnements provisoires, la déclaration de consignation est établie sur papier libre, par le déposant.

soumissionnaires, qui ne sont pas devenus adjudicataires, sur la présentation qu'ils font, au lieu où le versement a été opéré, du récépissé de dépôt, portant une mention par laquelle le *président* de la commission d'adjudication fait connaître que le soumissionnaire n'a pas été déclaré adjudicataire.

A défaut de cette mention, la restitution ne peut être opérée qu'autant que la Direction générale de la Caisse des dépôts et consignations ou que le comptable qui a reçu le cautionnement aura été avisé officiellement des résultats de l'adjudication.

La restitution des cautionnements en numéraire a lieu immédiatement sur la présentation du récépissé; celle des titres et valeurs dans les quatre jours de cette présentation.

Si les titres et valeurs ne sont pas réclamés dans les vingt jours qui suivent l'adjudication définitive, ils font l'objet d'une consignation et dans ce cas, le délai de restitution peut être porté à dix jours (délai de remboursement des consignations en valeurs).

Restitution des cautionnements provisoires aux adjudicataires
qui constituent un cautionnement définitif distinct.

Art. 16. Si l'adjudicataire n'emploie pas le cautionnement provisoire à la constitution du cautionnement définitif, le cautionnement provisoire ne peut lui être remboursé qu'après présentation du récépissé constatant la réalisation du cautionnement définitif.

Attribution à l'Etat des cautionnements provisoires lorsque l'adjudicataire ne réalise pas son cautionnement définitif.

Art. 17. Les cautionnements provisoires des soumissionnaires qui, déclarés adjudicataires, n'ont pas réalisé leurs cautionnements définitifs dans les délais fixés par les cahiers des charges peuvent être acquis à l'Etat, sur les poursuites et diligences de l'agent judiciaire du Trésor public, lorsque le Ministre de la guerre a pris, à cet effet, une décision passée en force de chose jugée.

SECTION III.

RÈGLES PARTICULIÈRES AUX CAUTIONNEMENTS DÉFINITIFS.

Constitution du cautionnement définitif. — Conversion du cautionnement provisoire.

Art. 18. Les soumissionnaires déclarés adjudicataires peuvent soit constituer un cautionnement définitif distinct du cautionnement provisoire, soit le réaliser par la conversion de ce cautionnement provisoire.

Dans ce dernier cas, le récépissé du cautionnement provisoire est remis contre reçu à l'adjudicataire, par le chef du service après y avoir, suivant le cas, inscrit, au dos, l'une des mentions suivantes, savoir :

« A échanger contre un récépissé de cautionnement définitif de   francs », si le cautionnement est constitué en numéraire;

« A échanger contre un acte de cautionnement de   francs », si le cautionnement est constitué en rentes ou valeurs du Trésor;

« Le cautionnement définitif n'est que de   francs », dans le cas exceptionnel où le cautionnement provisoire est supérieur au cautionnement définitif.

Après remise de ce récépissé par l'intéressé au préposé de la Caisse des dépôts, il est procédé dans les formes prescrites par les articles 7 et 8 (1) à la constitution du cautionnement définitif et, le cas échéant, au remboursement de la différence entre le cautionnement provisoire et le cautionnement définitif. Un nouveau récépissé est remis au déposant.

Nécessité d'opérer la conversion sans retard.

Art. 19. La Caisse des dépôts et consignations n'allouant d'intérêts qu'au bout du soixante et unième jour qui suit la réalisation du cautionnement définitif en numéraire, les adjudicataires apprécieront combien il est essentiel pour eux d'opérer sans retard la conversion de leurs cautionnements provisoires en cautionnements définitifs.

---

(1) Les déclarations de consignation des cautionnements définitifs sont souscrites par les déposants sur un registre spécial de la Caisse des dépôts et consignations.

Intérêts des cautionnements définitifs en numéraire.

Art. 20. La Caisse des dépôts et consignations alloue aux cautionnements définitifs qui lui sont versés en numéraire les intérêts (1) que, d'après la loi, elle doit servir aux sommes consignées ; ces sommes portent intérêt à partir du soixante et unième jour après celui du dépôt (2).

Les intérêts réglés au 31 décembre de l'année précédente sont payés chaque année aux titulaires et aux bailleurs de fonds des cautionnements, dans les dix jours qui suivent la réception par la Direction générale ou ses préposés d'une demande y relative.

Aucune portion d'intérêt échue au cours de l'année ne peut être mise en payement qu'en cas de remboursement intégral du cautionnement.

Les intérêts des cautionnements tombant sous l'application de l'article 2277 du Code civil, aux termes duquel les intérêts et tout ce qui est payable par année se prescrivent par cinq ans, il n'est, en conséquence, tenu compte aux ayants droit que des intérêts dus pour les cinq dernières années échues au 31 décembre précédent et des intérêts afférents à l'année courante, s'il s'agit d'un remboursement intégral.

Cautionnements définitifs en rentes ou valeurs. — Payements
des arrérages.

Art. 21. La Caisse des dépôts encaisse aux échéances les arrérages des rentes et valeurs du Trésor déposées à titre de cautionnement définitif. Elle les tient à la disposition des déposants ou de leurs bailleurs de fonds à partir du cinquième jour qui suit celui de l'échéance (3). Les payements sont effectués sans demande préalable, sur la présentation de la déclaration de versement, au dos de laquelle ils sont inscrits.

Droits de garde.

Art. 22. La Caisse des dépôts perçoit sur les valeurs consignées à titre de cautionnements définitifs un droit de garde

---

(1) Actuellement 2 p. 100 par an (loi du 26 juillet 1893, art. 60).

(2) Loi du 28 nivôse an XIII, article 2.

(3) Les arrérages produisent d'ailleurs des intérêts à partir du 61e jour de la date du récépissé de l'encaissement par le caissier général de la Caisse des dépôts.

dont la quotité est, pour chaque année, de 5 centimes pour 100 francs de la valeur du titre consigné.

La valeur servant à établir ce droit est déterminée par le cours moyen coté à la Bourse de Paris la veille du jour du dépôt. Le montant brut ainsi calculé est arrondi au multiple de 20 centimes le plus voisin en plus ou en moins, de façon que le montant du droit dû pour chaque trimestre soit un multiple de 5 centimes.

Le montant du droit pour la première année est perçu au moment du dépôt; il est, à partir de la deuxième année, liquidé par trimestre et recouvré en déduction des arrérages; il doit, dans ce cas, être toujours perçu par 5 centimes ou multiple de 5 centimes.

Cautionnement définitif constitué par la retenue du premier dixième
du montant des marchés.

Art. 23. Dans les marchés concernant une fourniture, un service ou un travail à effectuer en plusieurs livraisons ou en plusieurs périodes et dont le montant est déterminé par lesdits marchés, le cautionnement peut être, si le titulaire y est autorisé, remplacé par la retenue du premier dixième du montant des marchés, cette retenue forme une garantie dont la restitution est assujettie aux règles applicables aux cautionnements en numéraire. Elle est d'ailleurs indépendante de la retenue du sixième ou du douzième prévue dans le règlement sur la comptabilité des dépenses du Département de la guerre.

Lorsque les entrepreneurs ou fournisseurs sont autorisés à remplacer le cautionnement définitif par le précompte ou la retenue du premier dixième jusqu'au payement du solde, il est procédé ainsi qu'il suit :

S'il s'agit d'un marché ou d'une convention à exécuter dans le courant d'un trimestre ou d'un exercice et pour lequel il ne doit être établi qu'une facture, la retenue du dixième est effectuée sur les premiers mandats d'acompte, et le solde restant à payer, y compris le dixième retenu, est ordonnancé en fin de marché sur la production de la facture.

Si le marché ou la convention embrasse plusieurs exercices, ou s'il est produit une facture par trimestre, ou s'il est stipulé des délais de garantie qui ont pour conséquence de faire chevaucher la période d'exécution du marché sur plusieurs exercices, on précompte sur le premier mandat le montant du premier dixième à retenir. Cette somme est versée à la Caisse des dépôts et consignations dans les formes prévues à l'article 7; il est délivré un récépissé à l'entrepreneur ou fournisseur et une déclaration de versement destinée au service intéressé.

La restitution des sommes ainsi versées ne peut avoir lieu que dans les conditions prévues à l'article 27 ci-après.

TITRE II.

AFFECTATIONS HYPOTHECAIRES.

Formalités relatives aux cautionnements constitués en immeubles.

Art. 24. Les immeubles situés dans les divisions territoriales de l'intérieur et de l'Algérie peuvent être admis à titre de cautionnement définitif. Ils doivent être libres de tous privilèges et hypothèques et d'une valeur excédant d'un tiers le montant du cautionnement.

Dans le département de la Seine, l'acte de cautionnement est reçu par le notaire du ministère de la guerre qui donne aux titulaires ou à leurs cautions tous les renseignements qui leur sont nécessaires.

Dans les autres départements, cet acte est reçu par un notaire au choix du titulaire ou de sa caution, sur la présentation d'une copie de la dépêche ministérielle donnant à l'entrepreneur ou au fournisseur l'autorisation de constituer en immeubles le cautionnement auquel il est assujetti.

L'acte de cautionnement est dressé sur le vu des titres de propriété et de toutes les pièces justificatives à l'appui, et la grosse de cet acte est adressée ensuite avec les titres et les pièces ci-dessus énoncées au préfet du département où sont situés les biens, pour être soumise à l'examen du conseil de préfecture.

Le préfet requiert, s'il y a lieu, la prise d'inscription hypothécaire au profit de l'Etat; puis il transmet au Ministre de la guerre (Direction compétente) avec le procès-verbal de la délibération du conseil de préfecture, l'acte de cautionnement appuyé des diverses pièces qui lui ont été produites, ainsi que le bordereau de l'inscription prise et un certificat délivré postérieurement à la date de cette inscription, constatant la situation hypohécaire des immeubles.

Le cautionnement n'est définitivement constitué qu'après que le Ministre en a prononcé l'acceptation.

TITRE III.

CAUTION PERSONNELLE SOLIDAIRE.

Acceptation et obligations de la caution personnelle solidaire.

Art. 25. Le cautionnement personnel est celui par lequel un tiers se porte garant des obligations du titulaire d'un marché sans qu'il y ait affectation d'un gage.

Les cahiers des clauses et conditions générales, les cahiers des charges générales et spéciales et leurs annexes et enfin l'instruction sur la passation des marchés autres que ceux relatifs aux travaux de constructions militaires indiquent les obligations de la caution personnelle solidaire et les conditions exigées pour qu'elle soit agréée par l'administration.

TITRE IV.

DÉPOTS DE MATIÈRES DANS LES MAGASINS DE L'ÉTAT.

Art. 26. Lorsque des dépôts de matières sont demandés, à titre exceptionnel, aux titulaires des marchés pour garantir l'exécution de leurs engagements, les cahiers des charges spéciales déterminent la nature, l'importance, le mode et les délais de constitution de ces garanties, ainsi que les conditions d'examen, de réception, d'ajournement, de rejet, de prélèvement, de remplacement, d'emploi, de payement, etc., des matières admises en cautionnement.

TITRE V.

SAISIE, REMBOURSEMENT, CHANGEMENT D'APPLICATION DES CAUTIONNEMENTS DÉFINITIFS.

Saisie des cautionnements définitifs.

Art. 27. L'application des cautionnements définitifs à l'extinction des débets liquidés par le Ministre de la guerre a lieu aux poursuites et diligences de l'agent judiciaire du Trésor public en vertu d'une contrainte délivrée par le Ministre des finances.

En cas de saisie de la totalité du cautionnement ou d'une fraction telle que la moitié, le tiers, le quart, etc., les intérêts afférents à la fraction ou à l'intégralité saisie et dus à partir de la décision attributive sont acquis au Trésor, les intérêts antérieurs restent dus au titulaire du cautionnement ou à son bailleur de fonds.

Il en est autrement dans le cas de saisie d'une somme fixe, prélevée sur le cautionnement, les intérêts de cette somme restent dus au propriétaire du cautionnement.

Remboursement et restitution des cautionnements définitifs.

Art. 28. a) *Autorisations de remboursement et justifications de qualités.*

Les cautionnements définitifs ne peuvent être restitués en totalité ou en partie, qu'en vertu d'une mainlevée donnée par le Ministre de la guerre.

Cette mainlevée n'est donnée qu'à la fin du marché, lorsque l'entrepreneur ou le fournisseur a été reconnu quitte et libéré de toutes les obligations qui lui étaient imposées. Toutefois, dans certains cas, déterminés par les cahiers des charges spéciales, le remboursement partiel du cautionnement peut être autorisé en cours d'entreprise.

Il en est ainsi, en particulier, dans les marchés par conversion pour les cautionnements exigés des fournisseurs en garantie de la valeur des vieilles matières qui leur sont livrées.

Dès qu'une retenue a été effectuée pour le remboursement de la valeur de ces vieilles matières, sur le montant d'une livraison, il peut être donné mainlevée d'une fraction du cautionnement correspondant aux 5/6es de la valeur des vieilles matières employées dans les objets neufs compris dans la livraison.

Toutefois, cette disposition n'est pas applicable lorsque la livraison des vieilles matières est fractionnée et que l'importance du cautionnement a été réduite en conséquence.

L'obligation imposée aux entrepreneurs ou fournisseurs, comme conséquence du décret du 12 décembre 1806, d'attendre un délai de six mois après l'exécution du service pour obtenir mainlevée de leurs cautionnements, ne s'applique qu'aux marchés ayant pour objet des quantités indéterminées, comme les marchés à la ration; ce délai n'est pas opposé dans les autres cas.

Les mainlevées sont envoyées directement à la Direction générale de la Caisse des dépôts ou au comptable qui a reçu le cautionnement.

La personne, au nom de laquelle les fonds ou les valeurs constituant le cautionnement ont été versés, adresse à la Direction générale ou au comptable qui a reçu le cautionnement, une demande de retrait sur papier timbré; elle y joint le récépissé, et, s'il y a lieu, la déclaration au moyen de laquelle étaient touchés les arrérages du cautionnement.

Indépendamment des pièces ci-dessus indiquées, les demandeurs doivent fournir toute les pièces nécessaires pour établir les qualités, telles que : actes de société, certificats de propriété, mainlevées ou concours de créanciers ayant formé des oppositions régulières.

Les fonds ou les valeurs sont remis, si la mainlevée a d'ailleurs été transmise à qui de droit, dans les dix jours de la réception de la demande, avec pièces à l'appui s'il y a lieu, soit à la partie intéressée, soit à son fondé de pouvoir. Les procurations peuvent être sous seing privé, mais elles doivent être revêtues de la légalisation de la signature du mandant par le maire et de la signature du maire par le préfet ou le sous-préfet.

b) *Lieu de remboursement.* — La remise des fonds ou valeurs est effectuée en principe à la caisse à laquelle a été reçu le cautionnement. Cependant, sur la demande expresse des ayants droit, cette remise peut être faite à une autre caisse, mais la demande et les pièces justificatives doivent toujours être adressées au lieu de versement du cautionnement.

c) *Radiation des inscriptions hypothécaires.* — La radiation des inscriptions hypothécaires constitutives des cautionnements en immeubles s'opère en vertu d'un arrêté du préfet du département dans lequel se trouvent les immeubles hypothéqués, mentionnant la décision par laquelle le Ministre de la guerre a donné mainlevée du cautionnement.

Changement d'application des cautionnements définitifs.

Art. 29. Lorsqu'une fourniture ou une entreprise est terminée et lorsque les comptes sont apurés, le cautionnement qui y était affecté, s'il n'a pas été restitué, soit en raison des délais de garantie stipulés au profit de l'Etat, soit pour tout autre motif, peut, sur l'autorisation expresse du Ministre, recevoir une nouvelle application. Toutefois, lorsqu'il s'agit de marchés ayant pour objet la fourniture de quantités indéterminées comme les marchés à la ration, les cautionnements ne peuvent recevoir une nouvelle affectation qu'après que le délai de six mois, accordé par le décret du 12 décembre 1806 aux créanciers éventuels du service pour faire leurs actes conservatoires, sera expiré ou qu'il sera justifié que, dans l'exécution du marché ou de la fourniture, il n'y a eu aucune intervention de tiers.

Dans tous les cas, cette réaffectation ne peut être autorisée qu'en faveur des titulaires d'un marché expiré qui se rendront adjudicataires d'un service de même nature dans le même arrondissement.

Cette opération s'effectue :

Pour les cautionnements en numéraire, sur l'avis direct du Ministre adressé au consignataire et au moyen d'une nouvelle déclaration indiquant la nature, l'étendue et la durée du nouveau service que l'ancien cautionnement est destiné à garantir, et spécifiant que la somme consignée à titre de cautionnement du marché originaire est de plus affectée à celui du nouveau service.

La réaffectation est constatée par une copie de la déclaration ci-dessus mentionnée, certifiée par le consignataire, laquelle doit parvenir immédiatement par la voie hiérarchique, au Ministre de la guerre.

Si le cautionnement appartient à un tiers bailleur de fonds, celui-ci doit intervenir dans la nouvelle déclaration.

Pour les cautionnements en rentes au moyen d'un nouvel état d'affectation passé avec la Caisse des dépôts et consignations ou non proposé.

Pour les cautionnements en immeubles par un nouvel acte notarié passé comme il est dit à l'article 24, après autorisation du Ministre, et dans lequel l'entrepreneur ou fournisseur ou sa caution, s'il y a lieu, doivent déclarer que les immeubles précédemment affectés n'ont pas diminué de valeur, et par une nouvelle inscription hypothécaire au profit de l'Etat. Cette dernière inscription n'est toutefois recevable qu'autant qu'elle est accompagnée d'un certificat du conservateur des hypothèques constatant qu'il n'a été pris aucune autre inscription postérieurement à celle qui constituait le précédent cautionnement.

De même que pour le cautionnement primitif, la réaffectation n'est définitive qu'après que le Ministre a prononcé son acceptation.

Dispositions relatives aux cautionnements non libérés ou qui se rattachent à des entreprises ou marchés dont les comptes ne sont pas apurés.

Art. 30. Quand un entrepreneur ou fournisseur est admis à réaliser tout ou partie de son cautionnement, au moyen du changement d'application *ultérieur* d'une garantie encore engagée, il doit :

S'il s'agit du numéraire, produire immédiatemnt une déclaration sur papier timbré, certifiant qu'il est propriétaire du cautionnement qui garantit le marché en cours d'exécution ou l'entreprise dont les comptes ne sont pas apurés, et par laquelle il s'engage à le réaffecter à son nouveau service dès qu'il en sera requis.

Si la garantie appartient en tout ou en partie à un bailleur de fonds, celui-ci doit consentir au changement d'application par une déclaration dûment légalisée. Ce titre est adressé au Ministre de la guerre en même temps que l'engagement de réaffectation souscrit par l'entrepreneur.

Lorsque l'ancienne garantie est constituée en rentes sur l'Etat ou en valeurs du Trésor, elle peut être affectée immédiatement et par extension au nouveau service au moyen d'un nouvel acte passé avec le directeur général de la Caisse des dépôts et consignations ou les proposés de ladite caisse.

Lorsque l'ancienne garantie est constituée en immeubles, elle peut être immédiatement et par extension affectée au nouveau service au moyen d'un nouvel acte passé dans les formes et conditions prévues à l'article 24.

Dans tous les cas, le nouveau cautionnement n'est définitivement constitué qu'après que la mainlevée de l'ancien a pu être donnée.

L'entrepreneur ou fournisseur doit en outre faire agréer par qui de droit une caution personnelle qui s'engage à répondre solidairement avec lui d'une somme égale au cautionnement fixé par le nouveau marché, jusqu'à ce que la précédente garantie puisse être affectée au nouveau service, ou jusqu'à ce que l'entrepreneur ait régulièrement constitué un autre cautionnement de même valeur ; l'engagement de la caution, conforme au modèle n° 4, est transmis au Ministre de la guerre.

Si le nouveau cautionnement est supérieur à l'ancien, l'entrepreneur est tenu, dans tous les cas, de verser immédiatement la différence.

Art. 31. La présente instruction abroge toutes les dispositions antérieures relatives aux cautionnements et aux garanties exigées des soumissionnaires aux adjudications et des titulaires des marchés du Département de la guerre, notamment celles qui ont fait l'objet des documents ci-après :

Note ministérielle du 16 octobre 1874, relative à la marche à suivre par les entrepreneurs de marchés de fournitures à la ration qui demandent à être admis à constituer les cautionnements qui leur sont imposés par le changement d'application ultérieur d'une garantie encore engagée (*B. O.*, É. M., vol. 24, p. 102) ;

Note ministérielle du 1er février 1879, concernant les modifications dans la rédaction des cahiers des charges relativement aux dépôts de garantie et aux cautionnements définitifs (*B. O.*, É. M., vol. 67, p. 227) ;

Note ministérielle du 3 septembre 1885, relative aux garanties à fournir par les entrepreneurs et fournisseurs du Département de la guerre (*B. O.*, É. M., vol. 24, p. 104) ;

Notice n° 1, annexée au cahier des clauses et conditions générales imposées aux entrepreneurs de travaux de constructions militaires du 17 juillet 1889 (*B. O.*, É. M., vol. 24, p. 44) ;

Instruction du 31 mai 1895, relative aux cautionnements des soumissionnaires et adjudicataires de fournitures et entreprises pour le compte du ministère de la guerre (*B. O.*, É. M., vol. 24, p. 86) ;

Note ministérielle du 6 mai 1896, relative au remboursement des cautionnements en matière de marchés de fournitures pour le service de la guerre (*B. O.*, É. M., vol. 24, p. 147) ;

Circulaire ministérielle du 6 juin 1896, prescrivant de restituer les cautionnements avant l'expiration du délai de six mois (*B. O.*, É. M., vol. 67, p. 231) :

Circulaire ministérielle du 10 avril 1902, modifiant la note du 3 septembre 1885, relative aux garanties à fournir par les entrepreneurs et fournisseurs du Département de la guerre (*B. O.*, p. 589).

MODÈLE N° 1.

CAISSE DES DÉPOTS ET CONSIGNATIONS.

CAUTIONNEMENTS PROVISOIRES.

ACTE

d'affectation de cautionnement provisoire pour soumission de travaux, fournitures ou transports au compte de l'Etat.

Entre les soussignés :

Le directeur général de la Caisse des dépôts et consignations, (ou le trésorier-payeur général, ou le receveur particulier, ou tout autre comptable compétent) agissant au nom de ladite caisse, d'une part,

Et M. (nom, prénoms, qualité et demeure du titulaire de l'inscription), d'autre part,

A été convenu et arrêté ce qui suit :

M.   à la garantie de la soumission qu'il se propose de faire du marché de   au compte et dont l'adjudication doit avoir lieu le   .

Déclare par ces présentes qu'il affecte volontairement à titre de nantissement et de cautionnement   inscription de rente   sur l'Etat lui appartenant   p. 100 de la somme de (en toutes lettres)   n°   série jouissance du   figurant sur le grand-livre de la Dette publique dont   1   extrait   origin   a été remis avec le présent au trésorier-payeur général (ou trésorier-payeur, receveur particulier ou payeur particulier).

En conséquence, M.   dans le cas où il serait adjudicataire, consent   que   ce   inscription réponde jusqu'à concurrence de la somme de   montant du cautionnement fixé par le cahier des charges.

S'engageant à réaliser le présent cautionnement en cautionnement définitif dans le délai de   à partir de l'adjudication, terme fixé par le cahier des charges et à souscrire à cet effet, conformément à l'article 8 du décret du 18 novembre 1882 une nouvelle déclaration d'affectation de la rente et à donner à la Caisse des dépôts et consignations un pouvoir irrévocable à l'effet d'aliéner ladite rente s'il y a lieu.

Fait double entre les parties à   , le   .

Pour le Directeur général :

Modèle Nº 2.

CAISSE DES DÉPOTS ET CONSIGNATIONS.

CAUTIONNEMENTS DEFINITIFS.

ACTE

d'affectation de cautionnement de travaux, fournitures
ou transports au compte de l'Etat.

Entre les soussignés :

Le directeur général de la Caisse des dépôts et consignations, (ou le trésorier-payeur général, ou le receveur particulier, ou tout autre comptable compétent), agissant au nom de
ladite caisse, d'une part,

Et M.   d'autre part,

A été convenu ce qui suit :

M.   a été déclaré adjudicataire des
                    et a été assujetti en cette qualité à un
cautionnement de   réalisable en rentes sur
l'Etat.

Pour ces motifs, M.   déclare, par ces présentes
qu   affecte volontairement à titre de nantissement et de
cautionnement en garantie de l'exécution dudit marché
inscription   de rente   sur l'Etat lui appartenant
         p. 100 de la somme (en toutes lettres)
nº   série   jouissance du   figurant sur
le grand-livre de la Dette publique dont l'extrait original a
été remis avec le présent.

En conséquence, M.   consent :

1º Que   ce   inscription   réponde   jusqu'à concurrence de la somme de   , montant
du présent cautionnement de la bonne et complète exécution
de tous engagements susdésignés à partir de la date de la si-

gnature de   marché jusqu'après la réception des
            par   entrepris et le règlement définitif
de tous les comptes y relatifs;

2° Qu'elle   soi   grevée   d'opposition de la part
de la Caisse des dépôts et consignations pour en arrêter le
transport;

3° Que, dans le cas où, par suite soit d'inexécution ou de
mauvaise exécution de   engagements, soit d'une infraction
quelconque aux clauses et conditions de   marché il   se-
rai   reconnu   débiteur   et passible   de la retenue de
tout ou partie de   cautionnement   à titre de dommages-
intérêts ou pour toute autre cause, toujours à raison de
entreprise   , ce   inscription   soi   vendue   en
tout ou en partie, pour le prix à en provenir être versé en ac-
quit et jusqu'à concurrence de la somme due en principal, intérêts et frais, entre les mains du caissier général de la Caisse
des dépôts et consignations.

Qu'à cet effet, immédiatement après le   règlement   des
comptes de   fait d'office administrativement
tant en   présence   qu'en   absence et sans qu'il
soit besoin d'aucun acte judiciaire ce   inscription   soi
vendue   en la forme ordinaire en vertu d'une décision de
M. le Ministre des finances et que le transfert en soit fait et
signé par le directeur général, auquel le cas échéant, M.
            donne   , en tant que besoin, pouvoir spécial et ir-
révocable tant que durera le présent cautionnement.

Ce qui a été accepté par M. le directeur général,

Fait double entre les parties à   , le   .

Pour le Directeur général :

CAISSES D'AMORTISSEMENT
et des
DÉPOTS ET CONSIGNATIONS.

MODÈLE N°. 3.

MODÈLE DE PROCURATION.

Nom, prénoms, qualité et demeure du constituant,

Nom, prénoms, qualité et demeure du mandataire,

Pouvoir de, pour et au nom du constituant, opérer le dépôt à la Caisse des dépôts et consignations de toutes inscriptions de rentes sur le grand-livre de la Dette publique de France, appartenant audit constituant (ou telle inscription qui sera déterminée), en nantissement et garantie des engagements dudit constituant (ou de telle personne désignée), comme (indiquer ici ces engagements) et affecter spécialement ladite inscription au cautionnement dont ledit constituant (ou la personne désignée) est tenu en sa dite qualité ; à cet effet, signer et passer avec la Caisse des dépôts l'acte d'affectation dans les termes formulés par ladite Caisse, faire toute élection de domicile pour l'exécution dudit acte.

Donnant expressément audit mandataire le pouvoir de conférer au directeur général de la Caisse des dépôts le droit de former opposition sur la rente déposée, comme aussi de, pour et au nom dudit constituant, vendre, en cas de débet mis à sa charge (ou à la charge de la personne désignée), l'inscription par lui affectée à la garantie desdits engagements, pour le prix à provenir de la vente être appliquée à couvrir le débet en principal, intérêts et frais, et généralement faire tout ce qui pourra être nécessaire pour régulariser le cautionnement dont il s'agit ; aux effets ci-dessus passer tous actes, élire tout domicile, et généralement faire et dire tout ce que les circonstances exigeront, promettant l'agréer, retirer de la Caisse des dépôts les *bordereaux d'annuel* représentatifs des inscriptions déposées et servant à toucher les arrérages.

Ajouter, si telle est l'intention du constituant :

Lors de la restitution du cautionnement, retirer de la Caisse des dépôts lesdites inscriptions y affectées, en donner bonne et valable décharge à ladite caisse, et signer tous reçus à ce nécessaires (1).

---

(1) Quand l'acte sera donné sous seing privé, le constituant, avant d'apposer sa signature, devra écrire de sa main *bon pour pouvoir*.

ACTE D'ENGAGEMENT.

Je soussigné (nom, prénoms, qualité, demeure), déclare me rendre caution personnelle et solidaire de l'exécution du service   dont M.
est titulaire suivant marché du   dans le département (ou l'arrondissement) de   pendant

En conséquence, je m'oblige, comme ledit entrepreneur (ou fournisseur), à l'exécution de toutes et chacune des clauses de son marché, jusqu'à concurrence de la somme de
montant de la garantie matérielle représentant le cautionnement réalisé pour le précédent *service* (ou jusqu'à concurrence de la somme de

formant le nouveau cautionnement si celui-ci est inférieur à l'ancien), et ce, jusqu'à ce que ce cautionnement étant devenu libre, ait été appliqué au marché actuel, ou jusqu'à ce que l'entrepreneur (ou le fournisseur) ait régulièrement fourni un autre cautionnement de même valeur.

Fait à   , le

(Signature.)

Vu pour la légalisation de la signature de M.
Le Maire de la ville de

(Signature.)

Vu pour la légalisation de la signature de M. le Maire de
Le Préfet (ou le Sous-Préfet),

(Signature.)

Accepté pour caution solidaire par nous, Directeur du service de

A   , le

(Signature.)

TABLE DES MATIÈRES.

Instruction relative aux cautionnements exigés des soumissionnaires aux adjudications et des titulaires des marchés du Département de la guerre.

TITRE Iᵉʳ.

GARANTIES PÉCUNIAIRES.

SECTION III.

Règles particulières aux cautionnements définitifs.

TITRE II.

CAUTIONNEMENTS CONSTITUÉS EN IMMEUBLES.

TITRE III.

CAUTION PERSONNELLE SOLIDAIRE.

TITRE IV.

DÉPOTS DE MATIÈRES DANS LES MAGASINS DE L'ÉTAT.

TITRE V.

SAISIE, REMBOURSEMENT, CHANGEMENT D'APPLICATION DES CAUTIONNEMENTS DÉFINITIFS.

MODÈLES.